Au nom de Dieu le Clément, le Tout Miséricordieux

Scriptums

Ce que j'aurais aimé lire avant d'entrer véritablement en islam

« La réflexion est la lampe du cœur. Si elle s'en allait, le cœur n'aurait plus de lumière. »

- AbdAllah Ibn Alawi Al Haddad رٍ

Méditation : Du latin *meditatio,* de *meditatus* avec le suffixe *-io,* participe passé de *meditor.* Un rapprochement est fait avec le sanscrit *madha* (« sagesse »), et le grec ancien μάθος, *mathos,* μανθάνω, *manthanó,* et μῆδος, *médos* (« pensée »).

Table

Dans ce court livret l'intention a été de partager et de transmettre une part de ce qui a été reçu en pensant et en espérant que cela puisse être bénéfique au lecteur. Il s'agit d'une lettre que j'aurais aimé envoyer à un moi-même plus jeune tandis que j'entrais véritablement en quête de Dieu. Il y est écrit - comme le titre l'indique - une partie de ce que j'aurais aimé lire avant d'entrer véritablement en islam.

Dans une forme peu académique, le contenu a été structuré en plusieurs textes ou *scriptums* qui s'enchaînent dans une logique sans qu'il y ait nécessairement de transition. La base de ce qui sous-tend ces textes les transcende et le lecteur saura trouver en eux un dénominateur commun.

Je ne suis ni un érudit, ni un savant, mais un simple mendiant du savoir aspirant à la voie et aux sciences sacrées. Une pauvre âme en quête de lumière. Un humble cheminant qui vous partage de ce qui lui est parvenu.

Si un bien est transmis, ce n'est que par la faveur de Dieu le Généreux. S'il y a des erreurs, cela est dû aux limitations de mes insuffisances et de mes défauts, et j'espère avoir la récompense d'avoir essayé.

« Les actes ne valent que par leurs intentions et chaque homme sera traité selon ce qu'il a eu l'intention de faire »

- Sayyidna Mouhammad ﷺ

Note : Plutôt que « musulman » le mot *mouslim* (féminin : *mouslima* ; pluriel : *mouslims*) a été préféré.

اللهم صل على سيدنا محمد وآله وصحبه وسلم

Ne désespérons jamais aux cieux

L'imam Al Ghazali ر nous explique que si nous savions tout, si nous avions un savoir complet, une connaissance parfaite et que donc nous saurions ce qu'il y a de meilleur pour nous, si alors nous avions pleine capacité sur le destin, nous aurions choisi pour nous même exactement le destin qui est le nôtre.

Le saint prophète, notre bien aimé Mouhammad ﷺ nous a enseigné comment sont inscrites les bonnes et mauvaises actions.

À la simple intention d'effectuer une bonne action, elle nous est comptée comme une bonne action à part entière. À notre bonne action réalisée à la suite de cette intention, les anges se précipitent pour l'écrire, et elle est multipliée de 10 à 700 fois.

Quant à l'intention d'effectuer une mauvaise action, si elle est suivie par l'abstention de la commettre, une bonne action nous est comptée. Et nos péchés, Tu as interdit aux anges de les écrire Ô Allah, jusqu'à ce que le quart d'un jour se soit écoulé, pour que nous revenions à Toi, Ô Dieu de Clémence !

Et celui qui n'est pas revenu, il lui est inscrit un seul péché, et si suite à cela il invoque son Seigneur en Lui demandant Son pardon, elle lui est effacée, et la bonne action lui est inscrite.

Ô Doux,
Ô Pardonneur,

D'une prière à l'autre
Tu nous pardonnes

D'un jeûne à l'autre
Tu nous pardonnes

D'un vendredi à l'autre
Tu nous pardonnes

À notre pèlerinage
Tu nous pardonnes

À Ton invocation
Tu nous pardonnes

À nos maladies
Tu nous pardonnes

À notre patience
Tu nous pardonnes

À nos soucis
Tu nous pardonnes

À nos angoisses
Tu nous pardonnes

D'une larme à l'autre
Tu nous pardonnes

À nos épreuves financières
Tu nous pardonnes

À nos épreuves
dans nos biens
Tu nous pardonnes

À nos épreuves
dans nos familles
Tu nous pardonnes

À nos épreuves
dans nos êtres
Tu nous pardonnes

À une épine
sous la peau
Tu nous pardonnes

À l'agonie de la mort
Tu nous pardonnes

À ce qu'il y a dans la tombe
Tu nous pardonnes

Jusqu'au jour de notre résurrection
Où notre bien aimé, le bien aimé de Dieu
Ainsi que les anges et les vertueux
En notre faveur, intercéderont.

Puis Tu intercèderas pour nous
Ó Clément !

Chère soeur, cher frère,
Réjouissons nous de nos prières.
Ne désespérons jamais aux cieux
De la Miséricorde du Miséricordieux.

L'humanité avant la religiosité en islam

Religion et religiosité

« *Les louanges sont à Allah, que la grâce et la paix de Dieu soient sur notre maître Mouhammad sur sa famille et ses compagnons. [...]*

Premièrement les gens font une confusion entre la religion et la religiosité. Beaucoup d'étudiants me sont envoyés me demandant « comment peux-tu dire l'humanité avant la religiosité ? ». Je réponds : oui, la religion est avant l'humanité ainsi que tout ce qui est attribué à Allah – exalté soit-il. Mais la le religiosité est la pratique de la religion.

L'humanité comme réceptacle de la foi

En effet un bédoin vint au prophète ﷺ et lui demanda « qui es-tu ? », il lui répondit « le messager d'Allah », il demanda « qui t'a envoyé ? » il répondit « Allah », il demande « avec quoi t'a-t-til envoyé ? » il lui dit « le maintient des liens de parenté, la protection de la vie, la sécurité du passage » et ensuite il mentionna le [tawhid] : « détruire les idoles, seul Allah doit être adoré. »

Donc même si la fondation du message est le [tawhid], il a d'abord mentionné les caractéristique de l'humanité. Car si l'humanité d'une personne est saine, sa religiosité assurera que son lien avec ceux autour de lui est basé sur son lien avec Allah en ayant beaucoup de noblesse avec Lui.

Tandis que si l'humanité de quelqu'un est manquante ou défectueuse, défaillante, alors chaque pas qu'il prendra dans la religiosité le mènera à l'opposé de ce qui est recherché.

Le [kharidjite] qui a tué [sayyidna 'Ali ibn Abi Talib] a passé la nuit qui précédait le meurtre entièrement en prière jusqu'à ce que se pieds soient gonflés. Les gens comme lui performent les rituels de la religiosité mais ne possèdent pas la réalité ou le réceptacle de la religiosité.

L'humanité comme réalité de l'adoration rituelle

Nous parlions avec mon cher frère shaykh Ousama à ce propos et il a attiré mon attention sur un autre [hadith].

> *Le prophète ﷺ a dit : « répandez le [salam] – la paix, nourrissez votre prochain, maintenez les liens de parenté et priez la nuit quand les gens dorment, vous entrerez au Paradis en paix »*

Il a donc mentionné la prière de la nuit après ce qui est en lien avec les liens humains : répandez la paix parmi les gens, maintenez les liens de parenté, nourrissez votre prochain; il a mentionné cela avant même les adoration rituelles.

Donc dans le premier [hadith], il plaça les caractéristiques de l'humanité comme réceptacle pour le [tawhid] ou le crédo ['aqidah]. Et dans ce [hadith], il plaça les caractéristiques de l'humanité comme réceptacle de l'adoration rituelle par laquelle on se rapproche d'Allah.

Il n'y a aucun doute, que quiconque voit un crime commis aujourd'hui au nom de la religion réalisera pleinement après réflexion que le problème est l'état de notre humanité. Nous devons donc réviser l'état de notre humanité. [...] »

– Habib Ali Jifri ﺡ

La bonne opinion

Hamdun al-Qassar ر l'un des premiers grands mouslims a dit :

« Si un ami parmi vos amis se trompe, trouvez lui soixante-dix excuses. Si vos cœurs sont incapables de faire cela, sachez alors que le défaut est dans votre propre personne. »

Habib Ahmad Mashhûr Al Haddad ر a été décrit comme ayant une bonne opinion de l'autre et reconnaissant les efforts fournis pour faire le bien.

Il ر dit :

« Les gens parlent du mauvais œil mais ils négligent le bon œil. Le bon œil existe.
Tout comme celui qui possède le mauvais œil peut provoquer une maladie d'un simple regard, celui qui possède le bon œil peut guérir d'un simple regard. »

Indulgence & mansétude

« Certes je n'ai été envoyé que pour parfaire la noblesse des comportements. »

- Sayyidna Mouhammad ﷺ

Du mouslim et du non-mouslim

« Le problème avec les mouslims modernes est qu'ils considèrent tout le monde comme كافر [kafir] (mécréants) s'ils ne sont pas mouslims. Ces versets (décrivants le كافر [kafir] (mécréant)) ne parlent pas de tous ceux qui ne sont pas mouslims. Ils parlent de gens arrogants, dédaigneux, plein d'orgueil [...]. Lisez les descriptions des كفار [kouffar] (mécréants) dans le Coran : ils sont جور [djawar] (tyranniques), ils sont متكبر [moutakabir] (orgueilleux), il sont مختال فخور [moukhtaloun fakhour] (présomptueux et pleins de gloriole), ils sont ظاليمون [dhalimoun] (injustes). Ce sont les attributs qu'Allah leur donne. La plupart des gens sont de simples ناس [nas] (humains). Beaucoup d'entre eux sont juste dans un état de غفلة [ghafla] (insouciance), ce sont juste des ناس [nas] (humains). »

- Shaykh Hamza Yusuf ح

Il est à considérer qu'il nous est enjoint d'avoir une bonne opinion de Dieu et de Ses créatures.

Dans les premières révélations du saint Coran, Dieu s'adresse aux gens en utilisant la formule يَا أَيُّهَا النَّاسُ [ya ayyouha an nas](Ô peuple), formule qu'a employé sayyidna Mouhammad صلى الله عليه وسلم lors de son dernier sermont. Le mot ناس [nas] est apparenté à إنسان [insan] qui signifie « humain » avec pour source étymologique sa nature à oublier ainsi que son intimité avec le divin. Allah et son messager s'adressent à l'humanité avant de s'adresser à des croyants ou des incroyants.

Les mecquois de l'époque avaient une manifestation éclatante de l'unicité divine dans la présence et la lumière de la personne du saint prophète, Loyal, Digne de confiance ﷺ, qui les appelait à l'abandon des oppressions et des injustices et à l'adoption de la vertu et de la paix. Leur niveau de langue arabe leur permettait d'attester directement de l'aspect miraculeux de la révélation. Ce n'est que par la suite des événements et après les témoignages de miracles, de manifestations de la Vérité, et de la manière dont certains ont traité la meilleure des créatures ﷺ qui les appelait simplement à leur propre succès qu'Allah les qualifia de كفار [kouffar] (mécréants).

Le postulat de base lorsque l'on considère une personne, est fondé sur la bonne opinion. Nous considérons l'islam comme la religion de فطرة [fitra] (nature originelle pure et saine de l'homme) avec laquelle tout le monde est né. La base est الإيمان [al-iman] (la foi) et la غفلة [ghafla] (insouciance) ou le

كفر [koufr] (mécréance) viennent éventuellement plus tard. Il se peut que ces personnes soient dans une quête de la Vérité et Dieu seul sait ce que contiennent véritablement les cœurs. Ordinairement, nous ne pouvons pas déterminer l'état véritable d'une personne. En général, nous ne savons jamais si une personne n'est pas destinée à être tôt ou tard un مؤمن [mou-min] (ayant la foi) ou même un ولي [wali] (saint) bien aimé d'Allah.

Éva de Vitray Meyerovitch ر n'est pas entrée en islam avant l'âge de 45 ans, sa quête spirituelle l'y a amené et elle a produit un grand travail sur le sentier de Dieu et enseigna à l'université d'Al Azhar par la suite. La quête de la Vérité de Maurice Bucaille ر, médecin et scientifique, l'amena à entrer en islam tandis qu'il avait autour de cinquante ans et dans les années qui suivirent il tenait des conférences portant sur la concordance entre le saint Coran et la science moderne dans le monde. Nombreux sont les récits semblables de gens qui paraissent du commun.

Pour ceux qui n'entrent jamais en islam, shaykh Hamza Yusuf ح nous transmet l'opinion de d'Abou Hamid Al Ghazali ر :

« *Nous croyons au fait que nous avons un libre arbitre,
que les gens sont responsables et qu'ils seront jugés. Et
finalement, seul Allah pourra juger car il y a trop de
variables (pour nous). Si on regarde l'histoire de
l'humanité, en prenant par exemple ce pays (les
États-Unis), les gens ne connaissaient rien de l'islam
pendant très longtemps. Et maintenant, ce qu'ils
connaissent est une vision distortionnée de l'islam.
Donc nous ne pouvons pas juger les gens. Si vous voulez
dire que ce sont des كفار [kouffar] (incroyants), très bien,
ils peuvent avoir le حكم [hukm] (statut juridique) de كفر
[koufr] (incroyance). Mais en réalité le كافر [kafir]
(mécréant) est celui qui connaît la Vérité et la rejette.
Et l'imam Al Ghazali ر était d'avis que quiconque qui est
activement en recherche de Vérité sera sauvé, même s'il
meurt avant d'y accéder. Il l'explique très clairement dans
son « Épitre de la tolérance ». Et on ne peut pas plus
orthodoxe qu'Al Ghazali ر d'après l'opinion dominante. »*

Ce حكم [hukm] (statut juridique) de كفر [koufr]
(incroyance) est important car il délimite la ligne qui
sépare ceux qui ont foi au message de notre maître
Mouhammad ﷺ des autres. Il est nécessaire pour
des questions notamment de jurisprudence en ce qui
concerne le mariage, l'enterrement, l'héritage, et ainsi
de suite. Il nous est parvenu les cinq différentes formes

de كفر [koufr] déterminées par les savants de la tradition. Sans entrer dans leurs détails, nous retiendrons que leur jugement revient à Allah qui sait l'état de réalité spirituelle de chacun, et que nous gardons une bonne opinion de Dieu et de Ses créatures. Nous restons effectivement, quoi qu'il en soit, égaux en droits humains (droits à la vie, à la sécurité de la personne et de ses biens, à la liberté individuelle, et ainsi de suite).

Concernant le comportement envers le كافر [kafir] il nous est comme toujours enjoint de s'inspirer du modèle prophétique, à savoir, les traiter avec patience, miséricorde et bienveillance.

Du mouslim en occident

Pour ce qui est des provocations, sans jamais vouloir faire de politique, il est à noter ce que Jacques Chirac, alors président de la république française avait dit :

« Tout ce qui peut blesser les convictions d'autrui, en particulier les convictions religieuses, doit être évité. La liberté d'expression doit s'exercer dans un esprit de responsabilité. Si la liberté d'expression est un des

fondements de la République, celle-ci repose également sur les valeurs de tolérance et de respect de toutes les croyances. »

Nous reconnaissons là l'esprit français dans tout ce qu'il a de plus respectable. La satire, existant bel est bien dans l'histoire française, était employée pour « attaquer » les « puissants », les tenants du pouvoir temporel, et pas pour s'en prendre à une minorité non impliquée dans ce qui est reproché à ces derniers, ni - avant le XVIIIème siècle - pour blasphémer, et cette évolution est en réalité une régression dans la moralité et un éloignement du Principe pérenne et préservateur.

Allah dit ce qui signifie :

« Combattez avec les outils avec lesquels vous êtes attaqués » (Coran, [An Nahl], Les abeilles, :126)

Se défendre est un droit et toute violence injustifiée est condamnée, en gardant à l'esprit que la loi du pays dans lequel nous vivons doit être respectée.

Ceci dit, nous savons que nous tous, humains, évoluons et comme dit l'adage soufi : *Soit comme un palmier, si on lui jette une pierre il donne une datte.*

Allah dit ce qui signifie :

« La bonne action et la mauvaise ne sont pas pareilles. Repousse (le mal) par ce qui est meilleur; et voilà que celui avec qui tu avais une animosité devient tel un ami chaleureux. Mais (ce privilège) n'est donné qu'à ceux qui endurent et il n'est donné qu'au possesseur d'une grâce infinie » (Coran, [Fussilat], Les versets détaillés, 34:35)

À propos du vivre ensemble, nous avons beaucoup de beaux exemples dans de nombreuses régions du monde à notre époque et à d'autres époques. Les chapitres de nos livres d'histoires nous racontent les crises et les guerres et les récits de paix et de bon vivre ensemble sont bien souvent laissés au silence et à l'oubli.

À propos de la considération de l'islam et des mouslims, comprenons avant tout qu'il y a un biais dû au traitement de l'information de certains évènement et des réactions qui s'en suivent.

En effet ce n'est pas parce que des membres du Ku Kux Klan se réclamant de la chrétienté agressent des innocents que nous allons considérer les chrétiens comme des terroristes. Et si l'ensemble des médias venaient à se focaliser sur ces gens-là en les qualifiant de « christiannistes », cela serait la cause d'un biais dans la considération des chrétiens et de la chrétienté de la part des gens qui lisent et écoutent ces médias-là. Et nous savons bien heureusement que ces gens-là ne représentent pas la chrétienté ni les chrétiens, loin de là.

Statistiquement, à propos de ces agressions injustifiées, nous arrivons à des chiffres **proches de 0%** (**~0,01%**) lorsque l'on considère, après une étude sérieuse, la part de personnes soupçonnées d'être de ces mouvances parmi ceux qui se disent mouslims en France. Ce qui signifie que la quasi-totalité (**~99,99%**) des mouslims de France ne sont pas concernés, ni de près ni de loin, par ces événements. Il est raisonnable de penser qu'une partie considérable de ceux qui sont soupçonnés le soient à tort.

Pour ce qui est des personnes qui s'identifient comme mouslims et ayant un comportement qui va à l'encontre des principes de l'islam, le meilleur comportement à avoir est et de prier pour eux et de leur souhaiter - ou pour ceux qui en ont les ressources les y inviter - de se tourner vers la morale et les valeurs de leur religion, sans jamais oublier la grille de lecture sociale ainsi que le fond matérialiste de la culture moderne avec ce qu'elle produit qui vient bien souvent expliquer les sources de ces comportements.

Un mouslim tourné vers la morale, les valeurs et les principes de la tradition islamique sera un bien dans tout écosystème dans lequel il vit, et en tant que communauté, les mouslims seront une solution ou une partie de la solution aux problèmes qui se posent et aux défis qui se présentent à une société dans tous les domaines où elle sera impliquée.

« Et Nous ne t'avons envoyé qu'en miséricorde pour l'univers. » (Coran, [Al Anbiyya], Les prophètes, :107), le saint prophète ﷺ est une miséricorde pour l'humanité - pas uniquement pour les mouslims - et

dans le suivi de son exemple le mouslim peut, si Dieu le veut, incarner une part de cette miséricorde.

De la fraternité

Le cœur de cet appel est de considérer la fraternité en humanité, la fraternité en sayyidna Adam س. De se considérer comme humain et de voir en son prochain un humain né avec la فطرة [fitra] (nature originelle pure et saine de l'homme) qu'il porte toujours en lui et qui se manifeste certainement, plus ou moins, dans sa personne.

Ainsi, peu importe à qui nous avons à faire, il s'agit d'un enfant de prophète, un enfant de sayyidna Adam س avec tout le potentiel de bienfaisance qu'il a en lui.

Et si vous êtes mouslim et que votre prochain est mouslim, n'oubliez pas que vous êtes frères et sœurs dans la foi.

« Ceux qui ont la foi ne sont que des frères. Établissez la concorde entre vos frères et soyez conscients d'Allah, afin que l'on vous fasse miséricorde » (Coran, [Al Hujurat], Les appartements, :10)

Sayyidna Mouhammad ﷺ a dit :
« Assiste ton frère, qu'il soit oppresseur ou opprimé »
« Celui qui est opprimé, je l'assisterai, mais l'oppresseur,
explique-moi comment l'assister. », lui dit un homme.
« Tu l'empêches de commettre l'injustice, c'est en cela que
consiste ton assistance pour lui. »

Le vivre ensemble est ce qui constitue la finalité de cet appel et la réconciliation est un grand acte d'adoration envers le Seigneur. Bien souvent, un brin de lumière suffit à dissiper les ténèbres d'une discorde. Nous demandons à Dieu de nous accorder la beauté de la moralité et la bonté d'un comportement qui saura allumer une partie de la lumière qu'Il a déposée en chacun. Il nous est enjoint de garder une bonne opinion des créatures du Très Haut.
Nous espérons que cette bonne opinion d'une personne fera ressortir le bien que cette personne porte en elle.

« Un serviteur a échoué et perdu si Allah n'a pas placé
dans son cœur la miséricorde envers l'humanité. »

- Sayyidna Mouhammad ﷺ

Habib Ahmad Mashhûr Al Haddad ر a dit :

« La bonne opinion est la clef de la sainteté. »
Et si la pauvreté de nos être nous semble bien souvent
éloignée de la beauté des amis d'Allah, nous nous
efforçons, si Dieu le veut, de chercher leurs
bénédictions en les imitant et en s'inspirant de leur
beau comportement et de leur noble moralité.

Les compagnons de la main droite

L'imam Al Ghazali ر décrit les *« compagnons de la
main droite »* comme étant ceux qui s'acquittent de
leurs obligations en matière de religion et qui évitent
les péchés.

Voici une transcription partielle et une tentative de traduction, d'une prise de parole de Habib Ahmad Mashhûr Al Haddad ر lors d'une assemblée dans laquelle on lui demanda de s'exprimer :

« Mes chers frères, pardonnez-moi, je suis humble de parler. Mais pour suivre un ordre, nous remercions Allah pour la bénédiction de ces moments.

« [...] et apportes la bonne nouvelle à ceux qui ont la foi qu'il y a un état de réalité pour eux en présence de leur Seigneur »
(Coran, [Younous], Jonas, :2)

« Il y a pour eux une bonne nouvelle dans ce bas-monde et dans l'au-delà »
(Coran, [Younous], Jonas, :64)

Dans l'explication de la « bonne nouvelle » et de son annonce, ce sont les choses que nous faisons et que nous espérons lors de ces assemblées, de ces opportunités, et auxquelles nous aspirons au mieux de nos capacités.

Mais quelles sont ces « bonnes nouvelles » que nous pouvons obtenir et réaliser ?

Que chacun réalise, « qu'il y a un état de réalité pour eux en présence de leur Seigneur » : « état de réalité » signifie une adoration sincère, être avec Allah, l'acceptation d'Allah, et l'état de réalité est l'Élu ﷺ, et c'est une réalité.

La bonne nouvelle pour nous est une réalité.

La bonne nouvelle pour nous ô peuple d'islam !

« Puisque nous trouvons en sa protection un pilier indestructible.

Lorsque celui qui nous appelait à l'obéissance fut appelé par Dieu le plus noble des Prophètes, nous sommes devenus, la plus noble des nations. » (Poème Bourdah 126-127) »

[...]

Nous sommes à l'époque des « compagnons de la main droite ». Cette voie que l'imam Al Haddad و a nommée « la voie des compagnons de la main droite ».

En ce qui concerne les « premiers », leur détermination, leur culte, et ce qu'ils faisaient de prières de la nuit, de jeûnes du jours, de leurs grands efforts, de leur soumission parfaite et ainsi de suite, nous pensons qu'il est rare de trouver cela à notre époque, à la fin des temps.

L'imam Al Haddad ﺭ a dit à un homme qui voulait être instruit et apprendre comment les maîtres authentiques du passé enseignaient à leurs élèves sincères, il lui répondit que la voie des « compagnons de la main droite » convient mieux à notre époque.

Et en empruntant le sentier des « compagnons de la main droite » nous serons parmi les « premiers », si Dieu le veut.

Car en ces temps, celui qui œuvre sur un dixième de ce qu'il sait sera sauvé.

Tandis que les « premiers » s'ils délaissaient un dixième de ce qu'ils savaient étaient perdus.

Si nous apprenons quelque chose et que nous en appliquons le dixième nous serons sauvés.

Ainsi, le compagnon de la main droite fera ce que Allah lui aura commandé, autant que possible, de prières, d'actes surérogatoires, de bonnes actions, au fait d'assister aux assemblées des vertueux et de les soutenir, et vivra sa vie dans ce bas-monde.

« Et il est de ceux qui disent 'Seigneur accorde nous dans ce bas-monde un bien et dans l'au-delà un bien et préserve nous du tourment du feu', ceux-là obtiendront une part de ce qu'ils auront acquis, et Allah est prompt à faire les comptes » (Coran, sourate [Al Baqara], La Génisse, :201-202)

[...]

*Désormais, qu'Allah nous inspire les actions des compagnons de la main droite en ces temps bénis et que nous fassions tout ce que nous pouvons comme adoration et comme [sounnan] (actes recommandés), ce qui est léger et facile à faire : **des actions légères, à des temps déterminés.***

Et en faisant cela nous demandons à Allah qu'Il nous unisse avec les « premiers » :

« Les premiers [croyants] parmi les Émigrés et les Auxiliaires et ceux qui les ont suivis dans un beau comportement, Dieu les agrée, et ils L'agréent. » (Coran, sourate [At Tawbah], Le repentir, :100)

Puis Il dit :

« [...] à ceux qui sont venus après eux en disant: 'Seigneur, pardonne-nous, ainsi qu'à nos frères qui nous ont précédés dans la foi ; et ne mets dans nos cœurs aucune rancœur pour ceux qui ont eu la foi. Seigneur, Tu es Compatissant et Très Miséricordieux' » (Coran, sourate [Al Hashr], L'exode, :10)

Ô Allah places nous parmi eux ! Si Dieu le veut.

[...]

Qu'Allah étanche notre soif et nous guide, puisses-t-Il remplir nos cœurs de foi de certitude et de sagesse, Ô Seigneur, Ô Seigneur, Ô Seigneur.

Que les bénédictions et la paix d'Allah soient sur notre maître Mouhammad ainsi que sur sa famille et ses compagnons, et les louanges sont à Allah le Seigneur de l'univers. »

الفرض العين [al fard al-'ayn]

L'essentiel nécessaire

Ce texte s'adresse au lecteur mouslim qui souhaite vivre sa religion de manière pleine et épanouie et à ceux qui s'y intéressent de près ou de loin.

L'essentiel nécessaire

Nos maîtres nous enjoignent à acquérir le minimum de connaissance en matière de sciences religieuses pour pouvoir pratiquer sa religion simplement et pleinement, sans doute parasite.

La شَّرِيعَة [shari'a] (Voie sacrée, Loi sacrée) est considérée comme Une, avec ses aspects exotérique et ésotérique. Il ne s'agit pas de tous devenir des علماء ['oulama] (savants) ou des حفاظ [hufadh] (« mémorisateurs », « préservateurs » du saint Coran), à vrai dire ceci s'agit d'un فرض الكفاية [fard al kifaya] ce qui signifie qu'une partie de la communauté doit s'en charger et que cela ne concerne pas le tout le monde. Il s'agit d'une exhortation à faire vivre ce que nous sommes dans l'essentiel : des serviteurs du Tout Miséricordieux, qui Sait mieux que nous même ce qu'il y a de meilleur pour nous dans ce bas-monde et dans l'au-delà.

Apprendre son فرض العين [fard al-'ayn] (l'essentiel nécessaire qu'il incombe à chaque mouslim de connaître), signifie notamment :

1. Étudier les bases de la عقيدة ['aqida] (crédo) islamique comme elles nous sont transmises traditionnellement, dans le respect de la pluralité.

2. Connaître les conditions du repentir et le فقه [fiqh] (la jurisprudence) de base, dans le respect de la pluralité :

- Les règles de la purification : apprendre à se nettoyer correctement, la purification rituelle, connaître les impuretés non propices à la prière, et ainsi de suite.
- Les règles de la prière : son temps, ses piliers, ce qui y est obligatoire, recommandé, autorisé, réprouvé, interdit et ainsi de suite.
- Les règles du jeûne ainsi que ses convenances.
- Les règles de l'aumône légale pour savoir comment la payer, ce qu'il faut payer, savoir quand est-ce qu'elle est due.
- Les règles du pèlerinage que l'on fait une fois dans notre vie si on en a les moyens et que l'on en est capables.

3. Connaître les règles de tout ce qui a un lien avec ce que l'on fait dans la vie. Par exemple, celui qui est médecin doit avoir des connaissances appropriées concernant son domaine. Celui qui est commerçant, doit connaître les règles d'achat et de vente. Celui qui se marie doit connaître les règles du mariage et des relations, et ainsi de suite.

4. Acquérir assez de connaissances dans la science du تصوف [taçawwuf], ou تزكية [tazkiya], pour purifier nos cœurs des choses internes qu'Allah a interdites comme l'orgueil, l'ostentation, la jalousie et ainsi de suite. Apprendre comment purifier nos cœurs pour y œuvrer et savoir comment traiter les maladies spirituelles.

5. Il y a un essentiel nécessaire à connaître concernant la سيرة [sira] (biographie du saint prophète ﷺ).

6. Il y a aussi un essentiel nécessaire à apprendre concernant les péchés, pour s'en prémunir et les éviter et pouvoir s'en repentir le cas échéant. Parmi ceux-ci nous considérons en premier lieu les grands péchés comme le meurtre, l'alcool ou l'adultère, puis l'ensemble des péchés de l'œil, de l'oreille, de la

langue, du ventre, des parties génitales, des mains, des pieds et du cœur.

Il est important de respecter la pluralité des opinions et rester dans l'inclusivité en islam en ce qui concerne les divergences d'opinions, sans tomber dans des raccourcis simplistes et les accusations facile de كفر [koufr] (mécréance) en ce qui concerne les mouslims, ni en accusant tous ceux qui ont une opinion différente de celle que l'on suit d'égarés ou d'innovateurs.

De la transmission

Il nous est enseigné que la science s'acquiert auprès des savants et l'étude à travers les متون [moutoun, pluriel de matn] (textes classiques) de la tradition enseignés par un maître ou un enseignant est le modèle traditionnel de la transmission de la science. Pour illustrer cela, il nous est transmis l'histoire de Touma le sage :

Touma était un sage et il décida d'apprendre la médecine seul et directement dans les livres.
Jusqu'à ce qu'il lise que الحية السوداء [al haya as sawda] (le serpent noir) (avec deux points sous la 4ème lettre en

partant de la droite) guérit les maladies, sans savoir qu'il s'agissait d'une faute d'écriture et qu'il sagissait en vérité de الحبة السوداء [al haba as sawda] (la graine de nigelle) (avec un seul point sous la 4ème lettre en partant de la droite), ce qu'un maître lui aurait indiqué. Il alla alors chercher un serpent noir, se fit mordre et mourrut.
Dans une autre version, il tenta de soigner les yeux d'une personne avec le venin du serpent et le rendit aveugle.

Que Dieu nous préserve de nous faire du tort à nous même, de nous aveugler, ou pire encore, d'aveugler quelqu'un.

Ceci est une incitation à apprendre auprès d'enseignants ayant eux même appris auprès de maîtres, car par chaîne de transmission leur science et leur lumière provient directement de la miséricorde pour l'univers ﷺ. Une fois qu'un socle de base a été transmis (il nous est parvenu le nombre d'une vingtaine de textes classiques étudiés avec un enseignant) l'étudiant peut puiser la science directement dans les textes classiques.

Il est cependant important de mettre en lumière une nuance entre les textes classiques, qui sont faits pour être transmis par un enseignant, et les livres qui ont été écrits dans le but qu'ils puissent être lus directement par tout un chacun.

De la pluralité

Nous entendons souvent « ma religion c'est le Coran et la sounnah ([hadiths] traditions prophétiques) ». Ceci est noble et est vrai pour l'ensemble des mouslims sunnites. Effectivement, la lecture du saint Coran est recommandée, elle illumine les cœurs et nous rapproche du Très Haut. La lecture et l'étude de [hadiths] nous donne accès à beaucoup de lumière, renforce notre foi et vient notamment illustrer les points de jurisprudence. Mais il n'est pas à la portée de tous d'en tirer des avis juridiques. Il nous est dit que l'approche des sources pour déterminer un avis juridique demande une expertise et une méthodologie, et que seul de grands savants érudits considérés comme مجتهد مطلق [moujtahid moutlaq] savent développer de telles méthodologies et déterminer les fondements d'une jurisprudence. Ce statut est très bien défini et - sans entrer dans les détails de ce qui le définit - la grande majorité des croyants n'y répondons pas. Il s'agit de montagnes et leurs connaissances sont des vastes océans.

Parmi eux, nous comptons notamment l'imam Abou Hanifa ر, l'imam Malik ر, l'imam Ash-Shafi'i ر et l'imam Ahmad Ibn Hanbal ر.

Ibn Taymiyya ر a dit dans son poème اللامية [al laamiyya] :
« [...] Ceci est la croyance d'Ash-Shafi'i et de Mâlik
Ainsi que d'Abou Hanifa puis Ahmed comme il est cité.
Si donc tu suis leur voie, tu as bien réussi [...] »

Parmi les imams du crédo, nous avons notamment l'imam At Tahawi ر, l'imam Ahmad ibn Hanbal ر, l'imam Al Ash'ari ر et l'imam Al Matouridi ر.
Les questions qui portent sur le crédo mènent parfois à des tensions à notre époque. Il est primordial de respecter la pluralité d'opinions et de garder une humilité face à des sujets qui dépassent bien souvent nos connaissances.

La science de la purification a aussi ses متون [moutoun] (textes classiques), ses chaînes de transmissions et ses grands maîtres. Parmi ceux-ci nous comptons l'imam al Junayd ر, l'imam Abd Al Qadir al Jilani ر, l'imam Ahmad Ar Rifa'i ر, l'imam Abou Hassan Ash Shadhili ر, l'imam Al Ghazali ر et ainsi de suite. Ibn Al Qayyim ر est considéré comme un maître de cette science, et de nombreux autres.

Il est important de considérer la pluralité d'opinion là aussi en ce qui concerne l'approche confrérique ou non-confrérique de cette science. Sans entrer dans les détails, suite au départ de sayyidna Mouhammad ﷺ, l'institution qui consiste à prêter allégeance à un shaykh ayant lui même prêté allégeance à un shaykh et reçu une autorisation de sa part, avec une chaîne de transmission qui remonte au noble prophète ﷺ qui va guider l'aspirant, a été perpétuée, et ce jusqu'à nos jours.

Il y a une opinion qui dit qu'elle est recommandée et qu'elle facilite le chemin du cheminant qui est pris par la main du shaykh qui connaît la voie qui mène à Allah, sans que cela ne soit obligatoire.

Et il est une opinion qui dit qu'elle n'est pas nécessaire. Les deux opinions existent dans l'orthodoxie sunnite.

Apprendre du berceau à la tombe

Il paraît que parfois le mouslim - en particulier celui qui a grandi dans un environnement mouslim -

considère la religion comme « acquise » et se prive de la bénédiction d'apprendre.

Shaykh Salek bin Siddina ر nous explique que la quête de science a lieu du berceau à la tombe. Il nous explique comment de grands savants apprennent tout au long de leur vie et étudient les textes de bases pour les apprendre à nouveau. Nous parlons là de personnes ayant mémorisé le saint Coran à un très jeune âge et ayant bercé dans les sciences religieuses en les étudiant, les maîtrisant et les enseignant toutes leurs vies. Il nous explique comment de telles personnes, régulièrement, reprennent les textes qui expliquent les règles de base de la purification et de la prière qui sont enseignés à ceux qui commencent à apprendre.

La quête de science est noble et il n'y a pas d'âge pour commencer, ou recommencer, encore et encore, et bénéficier de toutes les bénédictions de ce chemin.

« Celui qui emprunte un chemin par lequel il recherche une science Allah lui fait prendre par cela un chemin vers le paradis. Certes les anges étendent leurs ailes par agrément pour celui qui recherche la science. »

- Sayyidna Mouhammad صلى الله عليه وسلم

Celui qui souhaite apprendre son فرض العين [fard al-'ayn] trouvera les livres et les ressources qu'il lui faut auprès d'enseignants, d'instituts ou d'écoles qualifiées, que l'on trouve de nos jours dans la francophonie et dans les sphères anglophone et arabophone.

Que celui qui est en quête de la proximité de Son Seigneur sache qu'inonder son cœur de l'amour d'Allah, du bien aimé ﷺ et des vertueux lui donnera des ailes qui lui permettront de s'envoler vers l'objectif de sa quête et vers l'acquisition de la science qui lui permettra d'y arriver.

Deux au carré (2²)

Brève initiation introductive
à la logique par le dénombrement

Nous en viendrons rapidement au concret à la suite d' une courte contextualisation.

À l'antiquité et au moyen âge, les voies de la connaissances ont donné forme à ce que l'on appelle les arts libéraux, qui sont des sciences. Les arts libéraux ont été structurés en sept voies.
Les sept arts libéraux, qui comme leur nom l'indique libèrent, sont composés du trivium et du quadrivium.

Le trivium, traitant de la maîtrise des lettres et du langage, est composé de trois sciences :

- *la grammaire, l'art de s'exprimer*
- *la logique, l'art de raisonner*
- *la rhétorique, l'art de persuader*

Le quadrivium est composé de quatres sciences qui traitent des nombres et des disciplines mathématiques :

- *La première d'entre elles est l'étude des nombres : l'arithmétique*
- *La deuxième d'entre elles est l'étude des nombres dans le temps : la musique*

-       *La troisième d'entre elles est l'étude des nombres dans l'espace : la géométrie*

-       *La quatrième d'entre elles est l'étude des nombre dans le temps et l'espace : l'astronomie*

Certains groupes ont choisi de garder ces arts secrets, car ils savaient l'effet libérateur qu'ils peuvent avoir sur les populations.

Le corpus des sciences islamiques traditionnelles couvre largement l'ensemble de ces arts.

Avoir quelques notions de base dans ces sciences - sans nécessairement tous devenir des érudits - serait les prémices d'une libération intérieure, de l'apaisement individuel, pour qu'il puisse s'en suivre l'apaisement collectif.

Cette initiation est centrée sur un aperçu d'une application concrète de la logique par le dénombrement.

Une pensée claire est propice à un esprit sain. Établir une logique dans la structure des raisonnements de nos pensées permet d'éclaircir des zones sombres et de dénouer des nœuds. Il en va de même pour la parole et la communication.

En mathématiques :

- Un *ensemble* désigne intuitivement une collection d'éléments nommés objets, « une multitude qui peut être comprise comme un tout ».
- Le *dénombrement* est la détermination du nombre d'objets d'un ensemble.

Si nous avons 2 objets, et que chacun peut prendre 2 formes, combien d'issues sont possibles ?

La réponse est le nombre d'éléments que contient l'ensemble de toutes les combinaisons : $2x2 = 2^2$, soit 4.

Ceci donne une grille de lecture à de nombreuses questions :
« L'argent rend-il mauvais ? » ou encore « Ceux qui s'habillent ainsi sont-ils bons ? »

À notre premier exemple :
    - Gagner de l'argent rend-il mauvais ?

Nous avons deux premiers paramètres que peut avoir la personne :

- « gagne de l'argent »
- « gagne moins d'argent »

Et puis nous avons deux paramètres pour la forme que cette personne peut prendre :

- « est bon »
- « n'est pas bon »

Nous avons donc 2^2 soit 4 combinaisons possibles :

- « gagne de l'argent et est bon »
- « gagne de l'argent et n'est pas bon »
- « gagne moins d'argent et est bon »
- « gagne moins d'argent et n'est pas bon »

Pour ce qui est des proportions, cela demanderait plus de données et une étude plus poussée.

D'après Aristote, être heureux est un état spirituel, celui d'être vertueux, ce qui va dans le sens de ceux que la tradition islamique qualifie de سعداء [sou'ada] (bienheureux), et nous voyons ici que le fait d'être bon est à priori indépendant du fait de gagner plus ou moins d'argent.

À notre second exemple :
   - « Ceux qui s'habillent ainsi sont-ils bons ? »

Nous avons donc les 4 combinaisons suivantes :

-       « S'habille ainsi et est bon »
-       « S'habille ainsi et n'est pas bon »
-       « Ne s'habille pas ainsi et est bon »
-       « Ne s'habille pas ainsi et n'est pas bon »

Vous trouverez que cette approche répond à de nombreuses questions et s'applique à beaucoup de cas de considération. Elle peut sembler triviale, mais nous remarquons qu'elle est concrètement peu appliquée.

Bien que la réalité de ce qu'il en est vraiment est bien souvent plus complexe, cette grille de lecture relativement simple permet d'avoir les idées claires sur une question.

Cette brève initiation est une invitation au lecteur à acquérir les bases, ou à approfondir, la théorie de la logique dans son ensemble qu'elle soit plus ou moins formelle : de la logique mathématique à la logique philosophique ou encore, المنطق [al mantiq] (la science de la logique dans les sciences traditionnelles islamiques qui est aussi appellée المیزان [al mizaan] « la balance »), en gardant toujours à l'esprit ses applications les plus concrètes, comme nous l'avons illustré par ces exemples.

Elle est une science dont le respect et la pratique permettent d'éviter les erreurs dans les raisonnements et facilitent l'accès à ce qui est juste dans les méditations.

« Voici donc l'utilité de cette science ([al mantiq], la logique), elle a pour but de fournir une matière première afin d'être capable de différencier le vrai du faux. De différencier ce qui est exact de ce qui est erroné. [...] Et il est aussi dit de cette science qu'elle donne les règles essentielles à la saine réflexion. »

- Shaykh Adam Al 'Asimi ح

Sans prétendre qu'elle se suffit à elle seule, en considérant les bases de cette science, nous remarquons combien de problèmes - du petit souci du quotidien à de plus grandes échelles en passant par certains conflits - ont pour cause une carence dans la logique. Nous apercevons ces carences même chez beaucoup de ceux que l'on nous présente médiatiquement comme « intellectuels » et autres personnalités publiques influentes.

Avec son étude, les pensées s'éclaircissent toujours plus et nous sommes mieux à même de nous délivrer des influences erronées et de relever les défis qui se présentent à nous.

Pour définir le bonheur Aristote a utilisé le mot *eudaimonia* qui en grec signifie *fleurir*. Certaines personnes vont fleurir en étudiant la littérature, d'autres fleuriront en jardinant ou en élevant des brebis, d'autres personnes fleuriront en dessinant, d'autres fleuriront en aidant les autres au quotidien et d'autre encore fleuriront s'intéressant à l'ingénierie, la biologie, l'économie ou en bricolant de leurs mains.

Les exemples sont innombrables et cette diversité est une des grandes richesses de l'humanité. Ce qui est certain, c'est que nous fleurissons tous en apprenant. L'intention de ce texte n'est pas de pousser tout un chacun à devenir maître logicien ou mathématicien chevronné. Seulement, il est certaines sciences fondamentales, dont celles que nous avons évoquées, qu'il nous est bon en tant qu'humain d'en aborder les bases pour s'accomplir pleinement.

Pour aller plus loin, il est une incitation à s'intéresser aux arts libéraux, en particulier dans la manière dont ils sont abordés dans la tradition islamique.

En espérant par cette brève initiation introductive avoir donné une étincelle, infime lueur dont vous saurez faire une lumière brillante qui viendra s'ajouter à votre lumière dans tout ce qu'elle a de plus rayonnant.

Le mot de la fin

«Certes, Allah et Ses Anges prient en faveur du Prophète; ô vous qui avez la foi priez en sa faveur et adressez-lui vos salutations. »

Pour finir ce livre, je nous exhorte tous et toutes à prier abondamment en faveur du prophète ﷺ. En faisant cela, nous obéissons à un commandement divin et bénéficions de bénédictions inestimables.

Il nous est transmis que la prière accomplie en faveur du prophète est une demande de pardon pour l'humanité, et que la prière de Dieu est un octroi de Sa grâce.

Il est enseigné à celui qui ne sait pas par où commencer, comme à celui qui chemine, à celui qui souhaite s'imprégner des qualités prophétiques et ainsi se rapprocher de son Seigneur et à celui qui souhaite vivre dans la présence spirituelle du Bien aimé Élu, Véridique, Loyal, Digne de confiance ﷺ, de prier abondamment sa faveur. Nous demandons à Dieu de nous accorder de le voir ﷺ.

« Celui qui prie une prière en ma faveur, Allah prie dix prières en sa faveur, Il lui enlève pour cela dix péchés et Il l'élève pour cela de dix degrés. »

- Sayyidna Mouhammad ﷺ

اللهم صل على سيدنا محمد وآله وصحبه وسلم

[Allahouma çalli ʿala sayyidna Mouḥammadin
wa alihi wa çaḥbihi wa sallim]

Ô Allah accorde la Grâce et la Paix à notre maître
Mouhammad ainsi qu'à sa famille et ses compagnons

Annexe 1 : symbole, abréviations et translittération

صلى‌الله‌عليه‌وسلم : Que la grâce et la paix de Dieu
soient sur lui

س : عليه السلام - Que la paix soit sur lui

ر : رحمه الله - Que Dieu lui fasse miséricorde

ح : حفظه الله - Que Dieu le préserve

Sayyidna : notre maître

Annexe 2 : Projet Sylve

Sylve : Du latin silva (« forêt », « bois »).

Pour chaque livre acheté, un arbre sera planté .

Que la personne qui a acheté ce livre et toute personne ayant participé d'une manière ou d'une autre à sa diffusion et à son existence, ne serait-ce qu'en en lisant un extrait, sachent qu'un arbre est planté en cette occasion. Nous demandons à Dieu le Très Haut de l'en récompenser.

Les forêts sont absolument essentielles pour la planète, jouent un rôle vital dans la régulation du climat, sont la source d'une biodiversité extraordinaire et sont une ressource alimentaire importante pour les populations.

Une forêt permet :

- Aux plus vulnérables d'assurer une sécurité alimentaire et économique

- Aux populations de bénéficier de l'énergie qu'elle produit
- Aux artisans et familles locales de développer une source de revenus pérenne à travers les matériaux de construction

Un arbre permet de :

- Produire de l'oxygène
- Stocker du carbone
- Aider à maintenir la faune et la flore
- Réguler la circulation de l'eau
- Protéger les sols
- Promouvoir l'équilibre climatique

Les arbres seront placés en terre auprès des populations locales de Madagascar, d'Indonésie et du Cameroun.

Il est important de garder à l'esprit, lors d'une aumône, que l'essentiel est l'intention avec laquelle nous donnons.

Sayyidna Mouhammad ﷺ a dit :

« L'aumône que l'on fait ne diminue en rien les bien dont on dispose. Allah n'ajoute au serviteur indulgent que considération. Nul ne s'humilie pour Allah sans qu'Il ne l'élève. »

Ce texte est une incitation à participer à des collectes de fonds et à des projets participatifs avec des organisations qui rassemblent, que ce soit pour nourrir un sans-abri, parrainer un orphelin, construire un puits, une école, une forêt ou autre bien. Ainsi, même en donnant peu, nous participons à quelque chose de grand. Ces organisations nous permettent d'embellir nos vies et celles des autres.

N'oublions pas les opprimés dans nos invocations. Nous demandons à Allah de nous accorder la sincérité et d'accepter nos œuvres.

Toutes les louanges sont à Dieu,
Seigneur des mondes.

lyriciste-noctambule.com

Printed in Great Britain
by Amazon